OBSERVATIONS

POUR LES

CRÉANCIERS

BAILLEURS DE FONDS D'AVANCE,

DES CI-DEVANT

FERMIERS GÉNÉRAUX.

Les créanciers des ci-devant Fermiers généraux peuvent-ils être forcés d'accepter, en payement de leurs créances des Inscriptions sur le grand livre, sous le prétexte qu'ils ont exigés, pour plus grande sûreté, des délégations sur les fonds d'avance de leurs débiteurs en la ferme générale.

De la solution de cette question résultera la ruine, ou la subsistance d'un nombre considérable de familles qui ont contribué à faire la fortune des gens de finance.

Pour pouvoir prononcer en connoissance de cause et décider la question d'une maniere équitable, il est nécessaire de rendre compte comment se faisoient les prêts aux fermiers généraux, de faire l'analyse et des contrats passés avec eux, et des transports des récépissés de fonds d'avance sur la ferme générale faits par ces derniers à leurs créanciers.

On rappellera ensuite les loix rendues sur les remboursemens à faire aux comptables, et on examinera si elles sont appliquables à leurs créanciers.

Les ci-devant fermiers généraux pour être compris dans les baux faits aux adjudicataires des fermes générales, étoient obligés de fournir un cautionnement en fonds d'avance, qui restoient entre les mains du gouvernement, tant qu'ils étoient fermiers généraux.

On leur expédioit, en leur nom direct et personnel, des récépissés des sommes qu'ils avoient payées entre les mains du Receveur général des fermes, et dont on leur payoit dix pour cent d'intérêt, outre les appointemens qu'on leur attribua, et les bénéfices annuels qu'ils faisoient, ainsi que les répartitions extraordinaires qui avoient lieu à la fin de chaque bail, pour recouvremens inattendus.

La place de fermier général ouvroit la porte à la fortune, et l'expérience a prouvé que de très grandes maisons aspiroient au bonheur de l'alliance avec la finance, pour réparer les pertes qu'elles avoient fait au service ou autrement; c'est pourquoi on ne sera pas étonné que ces places ayent été si recherchées :

Les cautionnemens n'effrayoient pas les prétendans, parcequ'ils étoient sûrs de trouver des fonds à quatre et demi ou cinq pour cent par an, au plus, tandis qu'ils en retiroient dix, et peut-être en outre cent pour cent surtout les anciens fermiers généraux.

Les placemens sur eux étoient alors regardés comme les meilleurs; aussi ce fut par cette raison que les tuteurs de mineurs, ceux aux substitutions et les curateurs aux interdictions préféroient ces sortes d'emplois, d'autant plus que dans les contrats on prenoit sur-tous les biens personnels des emprunteurs les précautions nécessaires à la sûreté des sommes prêtées, et qu'en outre les Fermiers Généraux transportoient aux prêteurs, en nantissement, les recépissés de leurs fonds d'avance sur la ferme générale ainsi que l'on va voir dans les clauses qu'on avoit soin de mettre dans tous les contrats et sans lesquelles les prêts n'eussent pas été faits.

» La rente (y est-il dit) sera à toujours » rachetable, en payant et rendant par ceux » qui en feront le remboursement en un ou » deux payemens égaux audit Sr. . . . » ou ses ayant cause, pareille somme de . . » avec tous les arrérages lors dûs et échus frais » et mises et loyaux coûts, le tout en espèces » sonnantes, et sans aucuns billets, papiers » de quelque nature qu'ils puissent être, nonobstant tous édits, déclarations, arrêts, ou » ordonnances quelconques qui en introduiroient » le cours dans le public ès payemens, au bénéfice et à la faveur desquels ledit Sr. . . » a expressément dérogé et renoncé, et promis d'avertir de chacun des remboursemens

» trois mois d'avance.

» Déclarant le dit Sr. . que la dite som-
» me de . . est pour employer au paye-
» ment de la partie de ses fonds d'avance en la
» ferme générale pour le bail commencé le
» Premier Octobre. . lors duquel paye-
» ment qu'il en fera, il promet et s'oblige de
» déclarer et faire constater par procès verbal
» qui sera fait et dressé en l'hôtel des fermes
» que les dites . . seront procédées du
» présent emprunt aux fins que le dit Sr. .
» acquière privilége sur lesdits fonds, promet-
» tant lui faire remettre au soutien duditpri-
» vilége les Récépissés qui lui seront délivrés.

» A avoir et prendre la dite rente spéciale-
» ment et par privilége, attendu l'emploi ci-
» dessus déclaré sur lesdits fonds d'avance du-
» dit Sr. . . en la ferme généra le, du Bail
» commencé au premier octobre . . . présent
» mois *et généralement sur tous les autres biens,*
» *meubles et immeubles presens et à venir dudit*
» *Sr. . . qui les en a charges, affectés et hypo-*
» *téqués, pour garantir et faire valoir ladite*
» *rente borne et payable comme dit est, tant*
» *en principal qu'arrérages et autres acces-*
» *soires, et sans que l'une desdites obligations*
» *déroge à l'autre.*

On voit en outre dans plusieurs de ces contrats, que les fermiers généraux avoient des cautions qui s'obligeoient solidairement aveo eux à la garantie de la rente en principal et arrérages et à l'éxécution de toutes les clauses, conditions et stipulations portées au contrat.

A chaque renouvellement de bail les ci-devant fermiers généraux faisoient et renouvelloient, au profit de leurs prêteurs, les transports des Récépissés des sommes par eux fournies en la ferme générale a valoir sur leurs fonds d'avance, et dans ces transports on avoit grand soin d'y insérer l'affectation et hypotéque générale sur-tous leurs autres biens, ainsi qu'il est dit en la clause suivante.

» Il est expressément convenu que l'acceptation faite par le dit Sr. Prêteur du présent » transport ne pourra lui nuire ni préjudicier » *et l'empêcher d'exercer contre ledit Sr.* » *et sur tous ses autres biens présens et à venir* » *tous ses droits actions et hypotéques résultans* » *dudit contrat de constitution susdatté, dans* » *lesquels ledit Sr. Prêteur entend demeurer* » *conservé sans aucune novation.*

Les ci-devant fermiers généraux et leurs héritiers prétenden exciper de différentes loix rendues en 1791, 1793 et depuis, et faire de cette question une cause d'interêt public

La premiere invoquée par eux, est celle du premier Aoust 1791, rendue par l'assemblée constituante relative à la liquidation et comptabilité de la ci-devant ferme et Régie générale, laquelle porte;

Titre 3, *Art.* 1.

» Dans le délai d'un mois il sera remis au

» Commissaire général de la liquidation un » état des sommes que chaque fermier général a fourni pour ses fonds d'avance et de cautionnement individuel.

Art. 2, » Un mois après la vérification des » quittances du garde du Trésor royal et de » l'Etat ci-dessus notifié audit Mager et ses cautions, commencera le remboursement desdits » fonds d'avance et de cautionnement.

Art. 3, » *Le remboursement sera effectué en* » *cinq mois à raison d'un cinquième par mois,* » *et il sera fait individuellement à chaque* » *fermier general.*

Art. 5, » Tout ce qui est prescrit aux articles 6, 7, 8, 9, 10, 11, et 12 du titre 2, aura lieu pour les fermiers généraux comme pour » les Régisseurs et les Administrateurs généraux du domaine.

ARTICLES

Du Titre 2, de la Liquidation et remboursement des fonds d'avance et cautionnement des Régisseurs généraux communs aux fermiers généraux.

Art. 7, Les Prêteurs et Bailleurs de fonds » desdits Régisseurs et Administrateurs seront » tenus nonobstant toute stipulation particulière, de recevoir leur remboursement de la » même manière et aux mêmes époques que » les Régisseurs et Administrateurs, *à la charge par ceux-ci de les avertir, ou de les sommer de le faire.*

» En conséquence lesdits Prèteurs et Bail-
» leurs de fonds seront tenus de rapporter tous » Récépissés de caisse, obligations, main-levées » d'opposition, et autres pièces nécessaires en- » semble les billets d'intérêt souscrits à leur » profit, quand même lesdits billets échoi- » roient à une époque postérieure au rem- » boursement.

Atr. 8, » Faute par lesdits Régisseurs et » Administrateurs, leurs Prèteurs et Bailleurs » de fonds *de satisfaire aux conditions respec-* » *tives ci-dessus prescrites*, leurs fonds reste- » ront à la caisse de l'extraordinaire.

Les autres articles sont inutiles à rapporter ici.

La seconde loi est le décret de la convention nationale des 15, 16, 17, et 24 Aoust 1793, qui ordonne la formation du grand livre pour inscrire et consolider la dette publique.

Il est dit) § 21 Article 66 » Les créanciers » directs de la Nation, pour des sommes au- » dessus de Trois mille livres provenans de la » dette exigible soumise à la liquidation, sont » autorisés à diviser l'isncription sur le grand » livre, qui sera faite à leur crédit, pourvû » toutes fois qu'aucune fraction ne soit infé- » rieure à Cinquante livres de rente, et ils » *pourront* rembourser au moyen d'un Trans- » fert, leurs créanciers personnels ayant hypo » têque spéciale et privilégiée sur l'objet li- quidé.

Il est facile d'écarter les moyens qu'on voudroit tirer des loix précitées.

La Constitution de l'an trois, ainsi que celles qui l'ont précédée, ont garanti la propriété des biens à un chacun, et jamais la Nation ni les législateurs n'ont eu ni pu avoir l'intention, non seulement d'abolir ni réduire la dette publique; mais encore moins de changer la nature des Contrats et Transactions entre particuliers; les Législateurs au contraire ont manifesté leurs désirs d'en assurer l'éxécution par les loix qu'ils ont faites sur les Transactions.

Ainsi donc l'Assemblée constituante n'a pû par l'article 7 du Décret du mois d'Aoust 1791, TITRE 2. Ordonner que les Prêteurs et Bailleurs de fonds seroient tenus nonobstant toute stipulation contraire, de recevoir leur remboursement de la même manière et aux mêmes époques que les Fermiers généraux et Régisseurs, et par là décharger les autres biens de leurs créanciers de l'hypotêque générale à la quelle ils ont été soumis par les contrats et transpors de Récépissés de fonds d'avance, sans aller contre les droits de l'homme et la garantie promise par la Constitution.

L'assemblée constituante à fait ce qu'elle à voulu avec les Fermiers généraux des revenus de l'Etat, d'autant qu'ils ont beaucoup gagné avec lui, elle à eu en vüe de liquider leurs créances dans un tems, ou ce qui leur étoit donné en payement et remboursement étoit à peu près au taux du numéraire, ayant fixé à cinq mois la totalité de leur remboursement qui devoit être opéré à la fin de Février 1792, ainsi que le porte l'Article 3, du Titre 3, qu'on à rapporté ci-dessus.

Cette époque étant passée depuis près de six ans, les fermiers généraux prétendroient-ils avec des Incriptions, se libérer aujourd'hui des fonds qu'ils ont reçus en Or et Argent, et qu'ils s'étoient obligés de rendre en pareille monnoye, et cumuler avec les capitaux les rentes et intérêts qu'ils ont refusé de payer aux échéances, dans des tems ou leurs créanciers auroient pû en subsister, ou en tirer parti ; ne seroit-on pas tenté de croire qu'en calculateurs habiles, ils ont prévu le tems ou ils pourroient avec peu de chose acquitter des dettes considérables.

L'Article 66 du Décret du mois d'Août 1793, concernant la dette consolidée dit, que les créanciers directs de la nation *pourront* au moyen d'un Transfert, rembourser leurs créanciers personnels ayant hypotèque ou privilège sur lesdits objets.

Le mot *pourront* ne signifie que la faculté de faire par les débiteurs les remboursements, et c'est ce qu'explique clairement l'article 3 du Décret de la Convention du 25 Septembre, 1793, n°. 1607 additionnel à celui du 24 Aoust précédent, ainsi conçu.

» Les créanciers directs de la Nation pour

» créances exigibles soumises à la liquidation
» *auront la faculté* de rembourser avec leur ex-
» trait d'inscription provisoire au moyen d'un
» Transfert, leurs créanciers personnels ayant
» hypotéque ou privilége sur lesdits objets.

Mais cette faculté ne pouvoit être obligatoire vis-à-vis de leurs créanciers envers lesquels elle restoit toujours subordonnée à des formalités à remplir : il falloit suivant la Loi faire des Transferts, les sommer de les accepter et en cas de refus faire ordonner en justice qu'ils seroient tenus de les recevoir.

Rien n'a été fait de cela, les Fermiers généraux ont bien senti qu'ils ne pouroient faire de semblables remboursemens à leurs créanciers que de gré à gré, et qu'ayant *laissé passer les délais prescrits par l'assemblée constituante*, ils ne pouvoient plus les forcer à accepter leurs inscriptions en payement: s'ils ne l'ont pu alors, ils le peuvent encore bien moins aujourd'hui que d'après le principe RES PERIT DOMINO, rappellé dans la discussion qui à eu lieu le 5 Brumaire an 6, au Conseil des Cinq cents, sur la demande faite par un porteur d'inscriptions, d'être autorisé à rembourser ses créances avec les bons dont il est remboursé lui même, le Conseil à passé à l'ordre du jour.

Les Fermiers généraux et leurs héritiers seroient-ils donc des Êtres privilégiés, et pourroient-ils après avoir fait des bénéfices immenses qu'ils n'ont point partagés avec leurs créanciers, choisir ce qu'ils ont de moindre dans leur fortune pour leur rembourser des fonds rèels et métaliiques avec lesquels ils sesont enrichis.

S'il restoit encore quelque doute à cet égard il suffiroit de rapporter ici l'article deux de la loi relative aux transactions entre particuliers antérieure à la dépréciation du papier monnoie du 15 Fructidor an cinq, lequel est ainsi conçu.

» Toutes les obligations d'une datte anté-
» rieure au premier Janvier 1791 (vieux style)
» seront acquittées en numéraire métallique
» sans réduction.

Le mot *toutes* n'admet point d'exception.

L'article 6 de la loi, dit positivement, » se-
» ront exécutées de la même manière les obli-
» gations expressément stipulées payables en
» numéraire métallique à quelque époque
» qu'elles ayent été consenties.

Les deux articles de la loi du 14 Fructidor an Cinq prononcent la même chose.

C'est vraisemblablement d'après ces raisons que le Conseil des Cinq cents, par une résolution du 13 Frimaire dernier, à renvoyé à l'examen d'une commission, la demande de Créanciers Bailleurs de fonds de plusieurs Fermiers généraux, par laquelle ils invoquent le rapport de la loi du Premier Aoust 1791, en vertu de laquelle les héritiers de leurs débiteurs prétendent les payer avec des Inscriptions, et ils demandent que la loi sur les transactions leur soit appliquable.

Il ne reste plus qu'à répondre à deux objections que les Fermiers généraux mettent en avant.

Ils prétendent 1°. que ce n'est point à eux que leurs créanciers ont prêté leurs fonds, mais à l'État, puisqu'ils leur ont donné, en nantissement de leurs créances, des récépissés de leurs fonds d'avance en la ferme générale portant privilége spécial sur lesdits fonds, pour en recevoir le remboursement de préférence aux Fermiers généraux dont les autres biens sont déchargés au moyen de l'acceptation que leurs créanciers ont faite de ces récepissés.

2°. Que si on refuse d'obliger les créanciers des Fermiers généraux d'accepter en payement des Inscriptions, et qu'il leur soit permis de discuter les autres biens de ces derniers, on va ruiner trente familles de Fermiers généraux.

Ces objections sont faciles à détruire.

Ce n'est point à l'Etat que les créanciers des Fermiers généraux ont prêté les sommes qu'ils leur ont fourni, mais bien aux Fermiers généraux *personnellement*. Tous les effets cy-devant royaux et contrâts sur l'Etat étoient trop décriés pour que l'on portât son argent au trésor pour en avoir quatre pour cent d'intérêt. Il n'y avoit guères que les Banquiers qui négociaient avec l'Etat sur les emprunts qui étoient ouverts. Ce sont ceux là seuls, et non pas les

Rentiers et Créanciers à titres particuliers, qu'on peut appeller les créanciers directs de la Nation, parcequ'ils le sont devenus eux *mêmes* volontairement, ou comme héritiers de ceux qui l'étoient devenus ainsi.

Les Prêteurs de fonds aux Fermiers généraux ne peuvent être réputés créanciers directs de la nation, ni leur être assimilés, encore moins le devenir forcément.

Lorsque des tuteurs de substitutions, de Pupilles, de Curateurs d'Interdits, ou des Maris avoient à faire emploi de déniers substitués, pupillaires ou dotaux, ils cherchoient la manière la plus solide pour les placer.

Les Fermiers généraux étoient, comme on l'a cidevant dit, préférés, soit à cause de leur fortune faite ou à faire dans la place de Fermier général, soit parcequ'outre l'hypotêque particulière sur-tous leurs biens personnels ils donnoient en nantissement des récépissés délivrés en leur nom particulier de leurs fonds d'avance; et on choisissoit, parmi eux, ceux qui mettoient le plus d'ordre dans leurs affaires par conséquent, c'étoit à eux qu'on prêtoit, et jamais à l'état. Il est vrai que n'ayant point de privilège sur des immeubles, on s'en faisoit donner sur des fonds que les emprunteurs ne pouvoient retirer de la ferme générale, qu'après avoir payé les Bailleurs de fonds, ou en avoir obtenu main levée; mais ce n'étoit que subsidiairement et sans nuire à l'hypotêque acquise sur les autres biens immeubles.

Les Récépissés de fonds d'avance étoient donnés aux Fermiers généraux *en leur propre nom, et jamais en celui de leurs créanciers* ; les Fermiers en faisoient des transports à ces derniers, dans lesquels transports les créanciers avoient soin de réserver l'hypotêque sur tous les autres biens des emprunteurs.

D'après cela on ne peut pas dire que les créanciers des Fermiers généraux soient devenus créanciers directs de la Nation, et qu'ils doivent recevoir des Inscriptions pour du numéraire qu'ils ont fourni à leurs débiteurs, et que par l'acceptation qu'ils ont faite des transports de récépissés sur la Ferme générale ils ont perdu leurs recours sur les autres biens des Fermiers généraux.

Ce seroit comme si un homme ayant emprunté une somme d'Argent par privilège sur une maison avec hypothêque sur tous ses autres biens, la maison étant tombée en ruine disoit à son créancier, je vous abandonne la démolition pour vous payer, a condition que tous mes autres biens seront déchargés de l'hypothêque ; ou un marchand d'Etoffes qui diroit à son manufacturier, je vais vous payer avec les marchandises les plus défectueuses de ma boutique et celles qui ne sont plus de mode.

Les Fermiers généraux doivent être assimilés (et dans le fait ils l'étoient) à une compagnie de Négocians qui ont spéculé et traité avec l'Etat avec lequel ils ont espéré de faire de grands bénéfices, ce qui est arrivé; ils ont emprunté des sommes parceque pour être Fermier général, il falloit avoir payé ses fonds d'avance ; ce sont ces sommes là qui les ont fait Fermiers généraux, et c'est avec elles qu'ils ont fait des fortunes considérables ; donc ils doivent, par justice et par reconnoissance, les rendre telles qu'ils les ont reçues.

A la seconde objection on répondra que les Fermiers généraux ou leurs héritiers ne seront pas ruinés, pour acquitter d'une manière équitable des dettes aussi légitimes ; qu'il leur restera encore assez de fortune qu'ils ont eu soin de mettre à couvert, et que l'intérêt public veut que si des familles doivent être ruinées, il vaut mieux que ce soit trente familles de Fermiers généraux, (ce qui ne sera pas) que peut-être vingt-mille qui leur ont prêté tout leur avoir avec lequel ils se sont enrichis.

RÉSUMÉ.

Les Fermiers généraux ont emprunté du numéraire avec lequel ils ont fait fortune; ils se sont obligés par les contrâcts à le rendre en pareille nature, nonobstant toutes clauses contraires, ils ont affecté *particulièrement* tous leurs biens avec le privilège qu'ils ont donné sur leurs fonds d'avance de la Ferme générale ; dans tous les transports on a renonvelle l'affectation expresse de tous leurs autres biens aux différentes créances, sans novation, ni dérogation; on a prouvé que les premières Loix n'ont pu détruire l'effet de tous les différens contrâts. Que ces loix n'ont point été éxécutées par les Fermiers généraux vis-à-vis de leurs créanciers dans les délais prescrits; que les loix sur les transactions ordonnent que toutes les obligations contractées avant 1791 seront acquittées en numéraire métallique, et qu'en conséquence les créanciers des Fermiers généraux n'ont pu le devenir directement de la nation: on a réfuté victorieusement et d'avance les objections qu'ils préparent: il est donc de toute évidence et de toute justice, que les Fermiers généraux soient contraints, ainsi que leurs cautions, à payer leurs dettes en numéraire et à satisfaire à toutes les conditions de leurs contrâts, par toutes voyes dues et raisonnables, notamment par la discussion de tous leurs biens meubles et immeubles particuliers, le tout aux termes de leurs titres d'engagemens, et des loix sur les transactions.

SOPHIE GIRARDIN.

www.ingramcontent.com/pod-product-compliance
Ingram Content Group UK Ltd.
Pitfield, Milton Keynes, MK11 3LW, UK
UKHW021020220726
13924UKWH00001B/97